LILY DEVEZE

CARCASSONNE

UND DIE SCHLÖSSER DER KATHARER

BONECHI

INHALT

Druck in Italien: Centro Stampa Editoriale Bonechi

Die Fotos stammen aus dem Casa Editrice Bonechi Verlagsarchiv und sind von Luigi Di Giovine *und* Paolo Giambone (S.*3, 8-15, 16 oben, 18 unten, 20 oben, 22oben, 23, 25, oben und unten rechts, 30 oben, 42, 43, 56, 59). Seiten 61-64: Fotos von* Raymond Roig.

ISBN 978-88-476-0848-1

STADTGESCHICHTE

Natur, Kunst und Geschichte haben im Laufe von zwanzig Jahrhunderten die Feste von Carcassonne geschaffen, die in ihrer Art auf europäischem Boden einzigartig sint.
Die Altstadt, la Cité gennant, liegt innerhalb einer abgeschlossenen Festung hoch auf dem Felsen, vom Fluß Aude umspült, der die Cité von der unteren Stadt trennt; von Carcassonne, einer modernen mittelgroßen Stadt mit 46000 Einwohnern, die heute der Sitz von Verwaltung und Handel ist.
Römer, Westgoten, Sarazenen, Franken und Feudalherren, Seneschalle und die Könige von Frankreich haben alle ihren Beitrag geleistet, um diese eindrucksvolle Befestigungsanlage, die Cité, zu schaffen. Sie war das Tor zu den Pyrenäen, der historische Durchgang, wo während Jahrhunderten unzählige Scharen von Invasoren entlangzogen: Vom Mittelmeer nach Aquitaniens atlantikgesäumte Küsten, von Spanien bis an die Ufer der Loire.
Die Cité gleicht einem Buch aus Stein, aus dem man die Geschichte der Epochen erlesen und sich Kenntnisse über alle Systeme militärischer Architektur - von den Römern bis zum 14. Jahrhundert - aneignen kann.
Die Römer ließen sich in unserer Region im Laufe des zweiten vorchristlichen Jahrhunderts nieder und begannen eine Beobachtungs - und Verteidigungsanlage zu erbauen. Ein castellum von mittlerer Bedeutung, das sie an der Stelle eines ehemaligen keltischen "oppidums" des Stammes der Volces Tectosages errichteten.
Später lebten römische Veteranen vor den Mauern der Feste, und ihre Kolonie wuchs sich im Laufe der Jahrhunderte zu einer Siedlung aus, die die Cité vom Südwesten nach Nordosten umschloß.
Die Aufzeichnungen des Römischen Reiches enthalten eine Anmerkung über eine Volkszählung in der "Colonia Julia Carcaso".
Während der nächsten 400 Jahre erfreuten sich die Carcassonner des Friedens innerhalb des Römischen Imperiums.
Nach Beginn der Barbareneinfälle über den Rhein, der die Grenze des Römischen Reiches gegen Nordosten bildete, wurde diese Ruhe gestört. Zu dieser Zeit, im 4. Jahrhundert nach Christi, verlangten die Kaiser von den Städten, ihre Befestigungsanlagen zu verstärken, oder welche zu errichten, sofern noch keine vorhanden waren.
Noch vor dem Falle Roms im 5. Jahrhundert siedelten sich die Westgoten in Südfrankreich bis zur Loire an. Die Cité wurde ihre Operationsbasis, in der sie ein großes Generalquartier errichteten. Fast 300 Jahre - von 440 bis 725 - hielten sie die Cité besetzt. Toulouse wurde Hauptstadt.
Im Jahre 725 schlug für die Carcassonner wieder eine dunkle Stunde. Die Sarazenen (Mohammedaner aus Spanien) eroberten in blutigen und grausamen Gefechten die Feste. Jedoch hinterließen sie außer Legenden keine Spuren. Nicht einmal der Pinte - Turm ist - entgegen früherer Annahmen - ihr Werk. Karl Martel, der Großvater Karl des Großen, schlug die Sarazenen im Jahre 732 in Poitiers, drängte sie zurück und errang so einen Sieg des Christentums.
In der Folge wurden die karolingischen Franken starke Machthaber. Karl der Große erweiterte die Grenzen nach Süden hin, und damit verlor Carcassonne an militärischer Bedeutung. Aus jener Zeit wird kein wichtiges Ereignis berichtet.
Als nach seinem Tode das riesige Reich zerfällt, machen sich die Vertreter der zentralen Macht, die Fürsten, langsam unabhängig. Die Epoche der Feudalzeit beginnt, während die der Comtes und der Vicomtes von Carcassonne vier Jahrhunderte (820 bis 1209) ununterbrochen und weitgehend unabhängig regieren. Die Comtes, vor allem Roger le Vieux (der Alte) und die Dynastie der Trencavel wurden hier ansässig. Die Trencavel erbauten die Burg und das romanische Kirchenschiff der

Panorama der Stadt, Nordwestseite.

Panorama der Stadt, Südostseite

Basilika Saint Nazaire.
Zu dieser Zeit reiste man viel. Infolge der Handelsbeziehungen mit dem Mittleren Osten blühte der Handel in unserer Region. Eine Nachwirkung dieser Beziehungen war im 11. Jahrhundert das Aufkommen einer religiösen Strömung, die Katharismus oder Albigensertum genannt wurde. Basierend auf dem orientalischen Dualismus besaß der Katharismus folgende Hauptcharakteristiken: Gott als das Gute, als Schöpfer des (reinen) Geistes - und das Prinzip des Bösen, der abgefallene Engel Luzifer, der alle sichtbaren materiellen Werte schuf. Nicht von Gott, glaubten die Katharer, wurde der Mensch geschaffen, sondern vom Bösen, weil der Mensch stofflich ist, aus Materie besteht, und die Welt, in die er hinein katapultiert wird, seit Kain und Abels Zeiten von Neid, Habsucht und Mord regiert wird. Diese Welt, das irdische Leben, war für die Katharer nur eine Durchgangsstation, ihr Leib ein Gefängnis der Seele. Die Morallehre war streng und voll Härte, so daß nur die Eingeweihten, die das "consolamentum", das einzige Sakrament dieser Sekte, erhalten hatten, sie voll praktizieren konnten.
Diese Elite, die die "Reinen", die "Vollkommenen", die "Gutmänner" gennant wurden, bildete den Klerus. Wer das Consolamentum erhalten hatte, durfte zum Beispiel niemals mehr einem Weibe beiwohnen, kein Tier - sei es auch eine Fliege - töten. Er lebte asketischer als jemals in der Folgezeit ein sich kasteiender Mönch.
Die übrigen Anhänger, die Nichtgeweihten, konnten leben, wie es ihnen gefiel. Nur für die Geweihten war dieser Glaube streng. Für die Übrigen war er eine ausgesprochen tolerante Glaubensform.
Mit Christus verbunden, am Johannes-Evangelium orientiert, waren die Katharer echte und reine Christen. Da ihr Klerus rein und sauber, untadelig lebte, wuchs sich dieser Glaube im Laufe der Jahrzehnte zu einer echten Gefahr gegenüber dem etablierten Christentum aus. Der verlotterte und sich mit Pomp umgebende Klerus verlor an Glaubwürdigkeit. Die Katharer wiesen nicht zu Unrecht auf das Neue Testamente hin. Wo, fragten sie beim Konzil zu Albi, steht geschrieben, daß die Vertreter Christi sich mit solch fürstlichem Gepränge umgeben sollen? Die Katharer bezichtigten die Vertreter des Papstes des Ketzertums, weil diese hier auf Erden eine Herrschaft errichtet hatten, die den Worten Christi - dem Neuen Testament - zuwiderlief. Die Katharer hatten Hunderttausende von Anhängern. Und so beschloß Papst Innozenz III, gegen sie vorzugehen. Bemerkenswert und nicht einmalig in der Kirchengeschichte: Er rief die Christen aus ganz Europa zum Kreuzzug gegen die Katharer auf. Christen gegen Christen!
Als die Kreuzfahrer von Norden kamen, um diese Sekte auszurotten, widersetzte sich Carcassonne diesem Ansturm. Raymond-Roger Trencavel trat den 300000 Gegnern ohne Hilfe von außen, nur mit seinen Vasallen entgegen. (Quelle: Otto Rahn, "Kreuzzug gegen den Gral. Die Tragödie des Katharismus", Hans Efunter-Verlag, Stuttgart) Durch Wassermangel und Verrat fiel Carcassonne am 15. August 1209, im Jahre des Heils, am Tage der Himmelfahrt Mariä, der Schutzherrin des Kreuzzuges.
Das Erbe dieses Kreuzzuges fiel 1229 König Ludwig IX zu.
Die Stadt wurde 1240 nocheinmal belagert, wobei der Sohn des letzten regierenden Trencavel die Belagerer und späteren Sieger von jenseits der Loire angriff. Militärischen Erfolg hatte er nicht.
Ludwig IX begriff, daß Carcassonne besser befestigt werden mußte. Er ließ die Verteidigungsanlagen der Cité, die so nahe an der Südgrenze seines Reiches lag, erheblich verstärken. Von ihm stammt die äußere Stadtmauer, die die innere völlig umschließt.

An den Zugängen der Stadt - zwischen den beiden Mauern -wurden halbmondfömige Vorwerke errichtet und mit vielen Türmen verstärkt. Die zweite Mauer war niedriger als die innere, damit die Verteidiger im Kriegsfalle ungehindert auch von der inneren den Feind beschiessen konnten. So wurde die Cité noch wehrhafter, denn der Feind wurde gezwungen, zwei mächtige Hindernisse zu überwinden.

Die Stadt nahm unter Philipp dem Kühnen, dem Sohn Ludwigs IX., großen Aufschwung und stand unter königlichem Schutz. Die militärische Baukunst entwickelte sich und erreichte Vollkommenheit im Verteidigungswesen.

Zwischen den beiden Stadtmauern wurde der abfallende Laufgraben (lices) eingeebnet. Dabei mußten die Fundamente der inneren Mauer verstärkt und untermauert werden. Daher ist es erklärlich, weshalb die aus der Römer - und Feudalzeit stammende Mauer auf Fundamenten königlicher Architektur des 13. Jahrhunderts steht. Die Basilika Saint Nazaire und Saint Celse zeigt ebenfalls eine harmonische Vereinigung feudaler und königlicher Architektur. Das romanische Kirchenschiff, das gotische Querschiff und der gotische Chor bilden eine stimmige Ausgewogenheit.

Durch die königlichen Maßnahmen wurde die Cité uneinnehmbar. Die Verteidigungsanlagen Carcassonnes wirkten derartig furchterregend, daß sogar der "Prince Noir", Sohn des englischen Königs Edward III., gar nicht erst den Versuch machte, sie anzugreifen und statt dessen die Neustadt in Schutt und Asche legte.

Im 17. Jahrhundert verlor Carcassonne an strategischer Bedeutung. Durch den Pyrenäenvertrag (1659) wurde die spanisch-französische Grenze weit in die Pyrenäen verlegt. Alsbald begann die Cité zu verfallen. Im Jahre 1791 wurde sie noch zu den drittklassigen Kriegsplätzen gerechnet - später nicht mehr.

Jean-Pierre Cros-Mayrevieille - ein Sohn Carcassonnes - der die Stadt sehr liebte, richtete im Jahre 1836 die Aufmerksamkeit der Regierenden auf die Bauwerke. Er verlangte während der folgenden Jahre unverdrossen und immer fordernder ihre Restauration. Dieser Mann kann als Retter Carcassonnes bezeichnet werden, denn im Jahre 1840 begannen die Wiederherstellungsarbeiten an der Basilika. Die Freude war von kurzer Dauer, denn zehn Jahre später strich der Prinz-Präsident (zukünftiger Napoleon III.) aus finanziellen Gründen die Stadt aus dem Verzeichnis der historischen Monumente. Cros-Mayerevieille intervenierte aufs neue, und es gelang ihm mit Unterstützung der Gesellschaft für Kunst und Wissenschaft und des Gemeinderates, das Dekret für ungültig erklären zu lassen. Die Stadt wurde an die Verwaltung des staatlichen Verteidigungsamtes angeschlossen und wieder zu den befestigten Plätzen Frankreichs gerechnet.

Nachdem der Schriftsteller Prosper Mérimée Generalinspekteur für Denkmalschutz geworden war, unternahm er eine Studienreise in den Süden und besuchte dabei Carcassonne. Unmittelbar darauf schickte er einen energischen Appell nach Paris, und der Architekt Viollet-le-Duc bekam 1853 den offiziellen Auftrag vom Komitee für Denkmalschutz, mit den Wiederherstellungsarbeiten an den Türmen und den Schutzmauern zu beginnen. Le-Duc hatte bereits neun Jahre in eigner Regie an der Restaurierung der Basilika gearbeitet.

Diese Arbeiten von Viollet-le-Duc haben unzählige Diskussionen ausgelöst, dennoch stellen sie das am wenigsten anfechtbare Werk des großen Baumeisters dar, denn dank seiner Bemühungen ist Frankreich ein einzigartiges Bauwerk erhalten geblieben.

Luftansicht der Stadt, vom Norden her gesehen.

CARCASSONNE
Tour du Grand Canissou
Tour de Cahuzac
Tour Carrée de l'Evêque
Tour de l'Inquisition
Tour du petit Canissou
Tour du Grand Burlas
Tour Mipadre
Théâtre
Tour du Four St. Nazaire
Tour du Moulin du Midi
Place St. Nazaire
rue Saint Louis
Tour d'ourliac
Tour St. Nazaire
rue dame carcas
Basilique St. Nazaire et St. Celse
Porte St. Nazaire
rue Trencavel
Barbacane Crémade
Tour St. Martin
rue du petit puits
Tour des Prisons
Puits du Plô
Tour de Casteras
Tour Cautières
Tour du Plô
Tour de Balthazar
Tour Pouléto
échauguette de l'est
Tour de la Vade

N
Tour Pinte
Tour de la Poudre
Tour de la Chapelle
échauguette de l'ouest
Tour de la Porte Rouge
Tour de la Charpentière
Tour de la Glacière
Tour de Justice
Château
Tour St. Paul
Tours de la Porte du Château
Place St. Jean
rue Adélaïde de Toulouse
rue du moulin d'Avar
Tour du Moulin d'Avar
Tour de Mouretis
Tour de Samson
rue Saint Jean
Grand Puits
Place du Château
Place du Grand Puits
rue Notre-Dame
Porte de Rodez
Tour de la Marquière
Barbacane Notre-Dame
rue Cros Mayrevieille
rue du Trésau
rue du grand puits
Tour du Vieulas
Tour du Moulin du Connétable
Tour de Bénazet
Place Marceau
rue St. Sernin
Tour du Trésau
lices basses
our St Laurent
Tour du Trauquet
Tour St. Sernin
Tours de la Porte Narbonnaise
hautes
Tour de la Peyre
Pont Levis
Barbacane
Tour de Bérard

Links: Der Trésau-Turm.

Die zwei Narbonner Türme, die das Haupttor flankieren.

DIE ALTE BRÜCKE (PONT VIEUX)

Die Alte Brücke stammt aus der Zeit Ludwigs IX. In dieser Epoche entstand auch die untere Stadt. Sie erinnert an die Saint-Esprit-Brücke an der Rhone. Sie ist 210 Meter lang und 5 Meter breit; in den *becs* (einer Art Schutzsteg für die Fußgänger) beträgt ihre Breite 9 Meter. Sie besitzt verschiedene große Rundbögen, der größte ist 14 Meter, der kleinste 9 Meter groß. Ein Kreuz im dritten Bogen (von der Stadt kommend) erinnert an den kleinen Brückenbogen, der die Grenze zwischen den zwei Gemeinden der Oberen und der Unteren Stadt bildete.

DAS NARBONNER TOR

Es stellt den Hauptzugang zur Stadt dar und heißt so, weil es sich nach Osten - in Richtung der Stadt Narbonne - öffnet. Es wird durch Zwillingstürme begrenzt, die durch ein Gebäude über dem Tordurchgang verbunden sind. Da die Tore die schwächsten Punkte der befestigten Städte des Mittelalters darstellten, ist es verständlich, daß hier die klassische Anlage eine außergewöhnliche Stärke erreicht. Vor der Erbauung des Narbonner Tors stand hier bereits eine Reihe anderer Bauten. Das Bauwerk, das sich vor uns erhebt, ist jedoch eines der schönsten, die uns aus dem Mittelalter erhalten ist. Die Türme sind ohne das Dach circa 25 Meter hoch. An der Basis beträgt ihre Stärke vier Meter,

weiter oben 2.80 Meter. Da die Verteidigung der Stützpunkte durch Armbrust und Pfeile erfolgte, vergrößerte sich die Schußweite mit der Höhe des Punktes, von dem die Geschosse abgeschossen wurden.

DAS ÄUßERE DER NARBONNER TÜRME

Die Narbonner Türme bilden den einzigen befahrbaren Zugang zur Cité und wurden von König Philipp dem Kühnen um 1280 erbaut. Auffallend sind die reliefartig hervortretenden Außenflächen der verwendeten Sandsteinquader (sogenannte Buckelquader).
Diese Steine - so wird vermutet - boten besseren Widerstand gegen die Geschosse, weil sie diese entweder spitz - oder stumpfwinklig abprallen ließen.
An den Türmen (siehe Seite 8) verläuft an den äußeren Seiten mittlings ein senkrechter von oben bis unten reichender "Schnabel", an einen Schiffsbug erinnernd, der den Verteidigern den Blick-und Schußwinkel vergrößerte.
Das Tor selbst war mit einer Reihe von Schutzmaßnahmen versehen. Eine starke Kette konnte gespannt werden, um die Angriffskraft zu hemmen, von den Pechnasen oben im Gewölbe konnten Geschosse abgefeuert werden. Es gab eine metallene Falltür, deren Falze heute noch zu sehen sind. Hinter ihr befand sich eine weitere Falle, die auch "Totschläger" genannt wurde. Diese Sicherheitsmaßnahmen wurden durch weitere Pechnasen, eine starke Tür und eine zusätzliche Falltür vervollkommnet. Von außen wurde das Tor durch den Graben, die darüberlaufende Zugbrücke und durch das Vorwerk geschützt, das asymmetrisch gebaut wurde, um die Angreifer zu zwingen, von der Seite her zu attackieren.
So geben die Narbonner Türme einen umfassenden Überblick über die Verteidigungsanlagen und -möglichkeiten des 13. Jahrhunderts. Neben der Burg waren sie die wichtigsten militärischen Bauten.

DIE SAGE VON DER DAME CARCAS

Vor der Zugbrücke befindet sich das Denkmal dieser legendären Heldin. Dame Carcas war die Frau des Sarazenenkönigs Balaack: Karl der Große hatte sein Lager vor Carcassonne aufgeschlagen und wollte die Stadt aushungern. Die Belagerung dauerte fünf Jahre, während derer beinahe die ganze Garnison verhungert war. Dame Carcas fertigte ausgestopfte Figuren an, die sie entlang der Stadtmauer aufstellte und beschoß die Feinde unuterbrochen mit Pfeilen. Als sie nur noch ein einziges Schwein besaß, mästete sie es mit dem letzten Futter und stürzte es anschließend von einem der Türme. Durch den Sturz war das Schwein geplatzt, und aus seinem Magen quollen große Mengen halbverdauten Futters. Karl der Große hob daraufhin die Belagerung auf. Die Ehre, den großen Kaiser durch eine List

Die Büste von Dame Carcas mit der Inschrift «Sum Carcas».
Blick auf die Zugbrücke.

besiegt zu haben, genügte Dame Carcas. Sie ließ die Trompeten blasen, um Karl den Großen zurückzurufen. Er hörte es jedoch nicht. Ein Knappe machte ihn aufmerksam. «Herr, Carcas ruft Euch (Carcas te sonne). Der Sage nach ist der Name der Stadt auf diese Begebenheit zurückzuführen.

DAS INNERE DER NARBONNER TÜRME

An der der Stadt zugewandten Seite sind sie flach und durch eine feste Mauer verbunden. Der Turm neben dem Trésau-Turm heißt Nord -, der andere Südturm.
Im Keller des Südturmes bewahrte die Garnison riesige Mengen von Lebensmitteln auf. Hier hingen gepökelte Schweine und Rinder, den Boden bedeckten Säcke mit Getreide, Bohnen, Behälter gefüllt mit Öl und Salz und -natürlich - Fässer voll Wein. In der Mauer sind vier weitere Schießscharten in Richtung der lices zu sehen und zwei unmittelbar über dem Gewölbegang. Die Zisterne im Erdgeschoß des Nordturmes kann man heute noch bewundern. Mit ihren zirka sieben Meter Tiefe und dem Durchmesser von drei Meter besitzt sie ein Fassungsvermögen von ungefähr 100 Kubikmeter.
In ihr sammelte sich das Regenwasser, zugeleitet von Blei- oder Tonleitungen. Am Fuße der Zisterne ist ein Abflußventil eingebaut. Wenn die Zisterne gereinigt werden sollte, ließ man das Wasser einfach in den Burggraben.
In diesem "Saal der Zisterne" sieht man sechs Schießscharten, eine davon liegt genau in der Achse des vorhin erwähnten "Schnabels". Die Haken oberhalb der Scharten dienten entweder dazu, die Armbrüste der Soldaten daran aufzuhängen oder - einer anderen Theorie nach - die Holzladen, mit denen die Scharten verschlossen werden konnten, festzuhängen. Im ersten Stock sind beide Türme baulich verbunden. Die Säle beider Türme ähneln sich. Sie sind groß und schön, in jedem stand ein Kamin und ein Backofen. Die Gewölbe werden von architektonisch schönen Kragsteinen gestützt. Zwischen diesen Sälen liegt ein kleinerer Raum, der ausschließlich der Verteidigung diente. Der zweite Stock ist nicht durch Wände geteilt. Er bildet einen einzigen großen Saal, den sogenannten Rittersaal. Ausgesprochen reizvoll sind die fünf gotischen Fenster. Unter dem Dach liegt das letzte Stockwerk.
Vergleicht man die Narbonner Türme und den Trésau-turm mit denen der Burg, fällt die Aufwendigkeit der Bauweise auf. Ein König von Frankreich hatte eben mehr Geld als ein Feudalherr. Architekt Viollet-le-Duc hat errechnet, daß zur Verteidigung der Narbonner Türme fünfzig Mann benötigt wurden.

Oberes Foto: Durchgang zwischen den Narbonner Türmen.

Unteres Foto: Statue der Heiligen Jungfrau (Ende 13. Jahrhundert) über dem Narbonner Tor.

Ostfront der Burg, von der Stadt aus gesehen.

Der Eingang der Burg mit den zwei Türmen.

DIE BURG

Viollet-le-Duc hat das Datum ihrer Erbauung um 1130 geschätzt.
Die Burg wurde also von Bernard Aton Trencavel, dem Begründer de Dynastie, oder seinem Sohn Roger III, erbaut. Hier lebten die Vicomtes der Trencavel und hier starb Raymond-Roger Trencavel 1209 als Gefangener. In der Folge hat Simon De Montfort hier sein Hauptquartier aufgeschlagen. Während des Königreichs haben die jeweiligen Seneschallen hier residiert. Sie hatten den Auftrag, den königlichen Besitz unter der Befugnis eines Gouverneurs, der der direkte Vertreter des Königs war, zu verwalten. Unter dem Ancien Regime schloß man in der Burg junge Leute ein, deren Eltern sie vor einem schlechten Lebenswandel bewahren wollten. Im 19. Jahrhundert wurde die Burg eine Kaserne und während des I. Weltkriegs waren hier zirca 300 deutsche Offiziere in Gefangenschaft. Im März 1944 wurde die Stadt Hauptquartier der Deutschen und die Einwohner waren gezwungen, ihre Wohnungen zu verlassen. Nach der Befreiung am 20. August 1944 kehrten sie jedoch zurück.
Die Burg war im Mittelalter bei Gefahr der letzte Zufluchtsort: eine Festung innerhalb der Feste. Die Ost -, Nord- und Südseiten wurden von ihren Baumeistern mit großer Kunst erbaut. An diesen drei Seiten bildet die Burg ein vollkommenes Rechteck. Die Mauer ist mit Zinnen versehen, von denen jede zweite eine lange schmale Schießscharte aufzeigt. Die Ostfront präsentiert sich mit fünf Türmen, die nach außen zylindrisch gebaut, innen jedoch flach sind. Jeder dieser Türme hat vier Stockwerke, deren runde Säle im Erdgeschoß und im ersten Stock von kuppelförmigen Gewölben überdacht sind. Auch hier mangelt es nicht an Schießscharten. Im Zwischenwall liegen gleich zwei Reihen davon übereinander, die Türme haben welche in allen Stockwerken. Um die Stabilität des Mauerwerkes nicht zu gefährden, wurden diese Scharten versetzt gebaut.
In der Burg hat man die großartige Militärarchitektur der beginnenden Feudalzeit vor Augen. Nach Meinung Raymond Ritters findet der Betrachter hier alle wichtigen Verteidigungsanlagen, die bis zum 16. Jahrhundert erdacht und gebaut worden sind. Mehr oder weniger erkennbar, umgestaltet oder perfektioniert, der kundige Besucher kann hier das ABC der militärischen Architektur dieser Zeit studieren.

Ansicht der Ostfront der Burg.

DIE OSTFRONT DER BURG UND IHRE VERTEIDIGUNGSANLAGEN

Die Verteidigungsanlagen am Tor der Ostfront sind noch erhalten. Riesige Türangeln halten das zweiflügelige Holztor des Vorwerks, darüber liegen Schießscharten und die mit zuklappbaren Laden versehenen Zinnen. Geht man durch dieses Tor, steht man im großen halbrunden Vorwerk, das wiederum durch eine Art Zugbrücke von der eigentlichen Burg getrennt war. Der Besucher sollte sich umwenden, zurückschauen und das eben beschriebene Tor von innen besehen. Flankiert von Mauern, deren Wehrgänge rechts und links von hier aus offenliegen. Ludwig IX hatte diese Anlage im Inneren der Stadt zusätzlich bauen lassen, jedoch dergestalt, daß eventuelle Angreifer dieses Steinwalles von der Burg aus quer über das Vorwerk beschossen und vernichtet werden konnten.
Der Burggraben war früher viel tiefer und enthielt nie Wasser. Er diente dazu, die damaligen furchtbaren Kriegsmaschinen am Vorrücken zu hindern. Die durchgehende Steinbrücke ist jüngeren Datums. Zur beschriebenen Zeit endete die Brücke zwei Meter vor dem Tor. Wer hineindurfte wurde über eine mobile Holzbrücke eingelassen. (Zugbrücken gab es erst ab dem 14. Jahrhundert).
Im Vorwerk stehend mit dem Blick auf die Burg sehen wir an der gesamten Front eine Doppelreihe viereckiger Löcher in der Mauer. Diese Gerüstbalkenlöcher dienten zur Errichtung der *hourds*. (Wehrgänge aus Holz: Bild oben, rechte Seite).
Betrachtet man die linke Seite, erkennt man, daß die Verteidiger durch die Angreifer leicht getötet werden konnten. Hinter den Aussparungen zwischen den Zinnen boten sie gute Zielscheiben. Viollet-le-Duc rekonstruierte diese *hourds*. Diese Wehrgänge müssen ursprünglich aus starkem festen Holz gewesen sein, um nicht durch die Geschosse der Steinschleudern zerbrochen worden zu werden. Im Laufgang der Wehrgänge waren Lücken, durch die siedendes Ölgeschüttet oder Geschosse abgefeuert werden konnten.
Auch die Türme besaßen diese *hourds*. Die Vorräte wurden im Steinwehrgang hinter den Zinnen aufbewahrt.
Im Rundbogen über dem Eingangstor verbirgt sich eine Pechnase. Hier kamen die Angreifer nicht durch, ohne verbrüht zu werden. Wer doch hindurchkam geriet in weitere Fallen: Türen, die unter ihm nachgaben, ihn erschlugen, ein weiteres Tor.

Ostansicht der Burg.

Die Westfront der Burg, vom Ehrenhof aus gesehen.
Im ersten Stock des Ehrenhofes befindet sich das Steinmuseum.

Die Verteidigungsanlage im Inneren der Stadt.

Die Westfront der Burg und ihre Verteidigungsanlagen zur Aude.

DIE TÜRME DER WESTFRONT DER BURG UND IHRE VERTEIDIGUNGSANLAGEN ZUR AUDE

Zum Teil noch erhalten ist die Grande Caponniere. Ein Gang, der zwischen zinnengeschmückten Mauern liegt und bis zum großen Turm der "Barbacane" führte. Diese Verteidigungsanlage "Barbacane" hatte Ludwig IX einst an der Stelle eines noch älteren Bauwerkes errichten lassen. Sie wurde gegen 1816 zerstört und Viollet-le-Duc ließ an ihrer Stelle um 1850 die Kirche Saint-Gimer erbauen.
Die "Grande Caponniere" verband die Cité mit der Verteidigungsanlage, die die Stadt an der Seite zum Fluß hin schützte.
Die Aude floß damals näher an der Feste vorbei als heute. Nach der Gründung des "Bourg" (die Untere Stadt) ließ Ludwig IX das Flußbett verlegen und die Sümpfe austrocknen. Auf dem oberen Foto ist die Westfront der Burg zu sehen, die sich auf einem gallisch-römischen Wall erhebt.
Von links nach rechts: Der Pulver-Turm aus dem 13. Jahrhundert, die Pseudo-Bergfriede, der Pinte-Turm und ganz rechts der Justizturm. Es ist eigenartig, daß die Burg keinen eigentlichen Bergfried besitzt, denn in der damaligen Konstruktionsperiode findet man nördlich der Loire viele von ihnen. Hier begnügten sich die Baumeister damit, auf dem gallisch-römischen Fundament einen rechteckingen Wachtturm zu errichten, den Pinte-Turm (oder Pinto). Er ist 28 Meter hoch, diente als Beobachtungsturm und zur Übermittlung von Signalen. Viollet-le-Duc hat an ihm alle Charakteristika der romanischen Epoche festgestellt. Es ist daher ausgeschlossen, daß er aus der Zeit der Sarazenen stammt. Er wurde in der ersten Konstruktionsphase der Burg um 1130 erbaut und besitzt kein Gewölbe. Durch Balkenlagen, die nicht mehr existieren, war er in zehn Stockwerke unterteilt. Heute kann man nicht mehr an die Spitze des Turmes gelangen. Die einzelnen Stockwerke waren früher vermutlich durch Leitern oder Holzstiegen verbunden. Eine Legende berichtet, daß der Pinte-Turm vor dem Kaiser Karl dem Großen sein Dach verloren hätte. Das Ereignis wird in der "Chronik Karls des Großen" erwähnt. Der Pinte-Turm habe sich vor ihm verneigt und dabei sein Dach verloren.
Zwischen dem Pulver-Turm und der kleinen Warte sieht man unter einem Gewölbebogen das Westtor. Die gesamte Burg konnte nur durch das West - und das Osttor betreten werden. Das Osttor befindet sich im Stadtinneren.

Die Zwillingstürme am Eingangstor.
Der Wehrgang der Burg, der durch das Dach der Holzgalerie geschützt ist.

DIE TÜRME DES OSTTORS DER BURG UND DIE GEMÄCHER DER TRENCAVEL

Im Inneren bilden die Türme des Tores - die die Narbonner Türme - ein einheitliches Ganzes. Die oberen Stockwerke waren mit den unteren lediglich durch hölzerne Leitern verbunden. Die Verbindung zwischen dem ersten und dem zweiten Stockwerk war durch eine Trappe (Klappe, Öffnung) gewährleistet. Auch diese Verteidigungsanlage war, genau wie die der anderen Türme und Tore der Stadtmauer, perfekt. Alles war so angelegt, daß die Kommandos von oben gegeben werden konnten, wo sich die Verteidigungseinrichtungen befanden.
Im zweiten Stock des sonst so strengen Gebäudes sieht man ein romanisches Doppelfenster.
An der Südseite des Hofes stehen eine Reihe von Gebäuden, die den großen Ehrenhof vom kleinen Innenhof trennen. In diesen Gebäuden lagen die Herrschaftswohnungen und der große Saal. Die Küchen waren im Kellergeschoß untergebracht. In der Mitte des großen Ehrenhofes muß einst ein Laubbaum mit weitausladender Krone gestanden haben, die "Feudalulme". Sie war das Herrschaftsemblem, das in den Urkunden dieser Epoche oft erwähnt wird. In ihrem Schatten wetteiferten die Minnesänger um Gruß und Huld der Herrin Adélaide de Burlats, Tochter des Comte von Toulouse, Frau von Roger Trencavel und Mutter des unglücklichen Raymond-Roger, der ein Opfer des Albigenserkreuzzuges wurde. Hier auf diesem Hof hat der deutsche Minnesänger Wolfram von Eschenbach zusammen mit den Troubadours gespielt und gesungen.

Der Pinte-Turm, vom kleinen Innenhof der Burg aus gesehen.

Totenmaske, Marmor, gallo-römisch.

Grabfigur, Terracotta, gallo-römisch.

Steinmuseum, erster Saal: die römischen Funde.

DAS "STEINMUSEUM" — DER GALLISCH-RÖMISCHE SAAL

Dieses Museum, das in der Burg untergebracht ist und von dem wir nur einige Ausstellungsstücke erwähnen, war hauptsächlich durch zwei Beiträge zustandegekommen: aus der Hinterlassenschaft Viollet-le-Ducs, die einige Originalsskulpturen (12. und 14. Jahrhundert) aus der Basilika Saint-Nazaire enthielt, und durch seine Skizzen für die Restauration der Skulpturen im Inneren und am Äußeren der Kirche.
Zusätzlich wurde eine Reihe interessanter Objekte von der Gesellschaft für Kunst und Wissenschaft von Carcassonne erworben. Alle diese Objekte stammen aus der näheren Umgebung. Das wertvollste und schönste Ausstellungsstück steht im römischen Saal: Der Sarkophag von Tournissan aus dem vierten Jahrhundert!
Dahinter steht ein Meilenstein in Erinnerung an Numérién, den "Prinzen der Jugend". Vor dem Fenster stehen Amphoren und Mühlsteine, die zur Ölherstellung dienten. Rechts vorn steht ein Sarkophag aus der Zeit der Westgoten mit seinem charakteristischen vierflächigen Deckstein.

Der romanische Saal des Steinmuseums.

Grabkreuze.

DER ROMANISCHE SAAL DES "STEINMUSEUMS"

In der Mitte kann der Besucher eines der schönsten Ausstellungsstücke bewundern: Den Springbrunnen aus dem 12. Jahrhundert. Rechts an der Wand steht ein frühchristlicher Sarkophag, verziert mit Weinblättern und Ähren, den christlichen Symbolen. Dahinter hängt ein Antependium an der Wand. Es stammt aus der Basilika Saint-Nazaire. Vom Nordportal der Basilika stammen auch die Kapitelle.
Die übrigen Kapitelle und Säulen sind gerettete Kostbarkeiten aus der "Inquisitorengalerie".
Die Grabsteine vom alten Friedhof der Kirche Saint-Michel von Carcassonne und aus dem Lauragais (13. und 14. Jahrhundert) haben reichlich Anlaß zu Diskussionen gegeben. Man glaubte, daß es sich dabei um katharische Steine handele. Nach Meinung von Professor René Nelly, einer Kapazität auf dem Gebiete des Katharismus, sind jedoch nur die Grabsteine katharischer Herkunft, die griechische Kreuze aufweisen. Die Katharer lehnten das lateinische Kreuz als Marterinstrument Christi ab und trugen das griechische Gegenstück. In der Pyrenäenregion gibt es unzählige dieser Grabsteine.

Calvaire von Villanière. Vorderseite: *Ecce Homo.*
Rückseite des Calvaire: Verkündigung.

SAAL DES BERGFRIEDS

Der dritte Saal des Museums liegt im großen Pseudo-Bergfried, in der "Camara rotunda". In den Urkunden wird dieser Saal oft als rund bezeichnet, obwohl er rechteckig ist. Wahrscheinlich verdankt er seinen Namen dem mächtigen Tonnengewölbe. Hier in der Camara rotunda versammelte sich bei feierlichen Anlässen der herrschaftliche Hof, hier wurden Dokumente unterzeichnet. Heute steht hier der Calvaire von Villanière. (Villanière ist ein Dorf nahe bei Carcassonne) Der *calvaire* ist das Werk eines einheimischen Künstlers, obwohl er Charakteristika burgundischer und bretonischer *calvaires* zeigt. Auf seiner Vorderseite ist das "Ecce homo" eingemeisselt, die Rückseite zeigt die Verkündigung. Dieser calvaire stammt aus dem 16. Jahrhundert. Vor dieser Zeit war es unüblich, den leidenden Christus dazustellen. Christus wurde entweder lehrend oder triumphierend gezeigt, wie zum Beispiel in der Süd-Rosette der Basilika Saint-Nazaire.
An der Oberseite des Rahmens sieht man acht Apostel, die Rückseite des Kreuzes zeigt die Jungfrau mit dem Kind und zwei Aposteln.
Dieser Prunksaal war mit Fresken aus dem 12. Jahrhundert ausgestattet, die 1926 entdeckt und freigelegt wurden. Natürlich werden Sie sich hier an die fesselnde Persönlichkeit des Raymond-Roger Trencavel erinnern. Der Vicomte von Carcassonne und Béziers war der Held der abendländischen Unabhängigkeitsbestrebungen. Er war es, der den Kreuzzüglern aus dem Norden während der Albigenserkriege Widerstand bot. Als er sich 1209 in Montpellier vor der Versammlung der Kreuzfahrer präsentierte, die unter dem Vorsitz des päpstlichen Legaten stand, wurde er aufgefordert, die Häretiker aus seinen Städten zu jagen und sie an die Kreuzzügler auszuliefern. Raymond-Roger erwiderte: "Ich biete allen Verfolgten, die in Kürze schutzlos in der Provence herumirren werden, Wohnung, Nahrung, Schutz, und mein Schwert."
Nach der Plünderung der Stadt Béziers und nachdem sie die gesamte Bevölkerung ausgerottet hatten, schlugen die Kreuzritter am 1. August 1209 ihr Lager vor Carcassonne auf. Diese Belagerung dauerte nur vierzehn Tage. Wegen Wassermangel und Verrat fiel die Stadt. Das Lied des Albigenserkreuzzuges erzählt, daß Raymond-Roger niemals vorhatte, sich zu ergeben, sondern - zu Verhandlungen bereit-in das Lager der Kreuzritter ging. Hier nahm man ihn, entgegen jeglicher ritterlichen Ehre, gefangen. Er starb als Vierundzwanzigjähriger im November 1209 in einem seiner Türme.

Photo oben: Wandmalerei aus dem 12. Jahrhundert.

Detail aus dem Calvaire von Villanière.

DIE WANDMALEREI

Die obige Szene stellt den Kampf zwischen einem französischen Ritter (auf dem weißen Pferd) und einem Sarazen dar. Der Mohammedaner trägt einen runden Schild. Vermutlich handelt es sich hier um eine Szene aus dem Rolandslied, das zu dieser Zeit auch im Süden sehr populär war. Eine andere Deutung: Bernard Aton, Gründer der Dynastie Trencavel, bekämpft die Sarazenen in Spanien.
Diese Wandmalerei stammt wahrscheinlich aus der Zeit vor 1170, denn danach wurden die kegelförmigen Helme von den französischen Rittern nicht mehr getragen. Besonders beeindruckend für Kunstfreunde: Die aufeinanderzugaloppierenden Pferde, die stolze herrische Haltung der lanzentragenden Ritter.
Die romanische Wandmalerei ist in der Languedoc wenig verbreitet. Durch ihre Empfindlichkeit waren die Fresken stets Zerstörungen ausgesetzt. Die gilt besonders für die mittelalterlichen Werke der Languedoc.

Ruhende Figur eines Ritters.

GOTISCHER SAAL

Im vierten Saal, der der Gotik gewidmet ist, liegt auf einem mächtigen Steinblock die Skulptur eines Ritters. Sie stammt aus der Abtei von Lagrasse, die von Karl dem Großen gegründet worden war. Dieser ruhende Ritter wird auf das 14. Jahrhundert datiert.

In diesem Saal befinden sich noch mehrere Schlußsteine (Teile von Deckengewölben). Einer davon trägt das Bildnis Ludwigs IX. Aus dem Kloster der Cordeliers und dem Augustinerkloster von Carcassonne stammen fünf Grabsteine. Hier steht ein mit Bogenwerk und Figuren verziertes Becken. An der Trennwand der zwei Säle steht ein "lächelnder Engel" aus dem 14. Jahrundert, der an den lächelnden Engel von Reims erinnert, obwohl er weniger gut ausgeführt ist und Beschädigungen aufweist. Er wurde an der Stelle der heutigen Freilichtbühne gefunden.

Sechs Figuren in Nischen; steinernes Bas-Relief aus der Basilika von Saint-Nazaire.

Bogenwerk an drei Fenstern aus dem Grassalio-Haus der unteren Stadt (14. Jahrhundert).

DER ARKADENSAAL

Die drei gotischen Fenster des obigen Photos sind bemerkenswert und von wundervoller Harmonie. Ihre Entstehungszeit wird durch die Haartracht der Figuren bestimmbar. (14. Jahrhundert) Das Grassalio-Haus befand sich an der Stelle, wo heute das "Hotel des Postes" steht. Ein weiteres dieser ehemals vier Fenster schmückt heute das Hauptportal der Kathedrale Saint-Michel in der unteren Stadt.
Bei der "lächelnden Madonna" oder auch "Madonna mit dem Vogel" handelt es sich um eine Skulptur aus dem 14. Jahrhundert. Sie wurde vom Staat mit Beiträgen der "Freunde der Stadt Carcassonne" erworben. Wie alle gotischen Madonnen wirkt sie nicht so streng und ernsthaft - im Gegensatz zu den romanischen -sondern eher gelöst. In ihr sieht man mehr Frau, Mutter und Königin. Während der Revolution wurde dem Jesuskind der Kopf abgeschlagen. Der neue Kopf, so meinen Kunstexperten, sei schlecht nachempfunden worden.

Linkes Photo: Steinerne Statue der Heiligen Basilice (14. Jahrhundert).
Rechtes Photo: «Lächelnde Madonna» oder «Madonna mit dem Vogel».

Photo oben: Vitrine mit englischen Alabasterfiguren aus dem 14. Jahrhundert: «Christus am Marterpfahl», «Christus in der Vorhölle», «Christus am Kreuz»; die Stücke stammen aus der Saint-Sernin-Kirche von Carcassonne.

DER HEILIGE SERNIN UND DAS CHRISTENTUM

Das Christentum fand in dieser Provinz früh Anhänger. Der Heilige Sernin oder Saturnin, der erste Bischof von Toulouse, erlitt um 250 den Märtyrertod. Er wurde von einem wilden Stier zu Tode geschliffen. Die Taur-Kirche in Toulouse wurde dort erbaut, wo der Stier der Überlieferung nach stehengeblieben sein soll. Dagegen steht die Saint-Sernin-Basilika auf dem Punkt, wo der Heilige begraben wurde. Auch in Carcassonne gab es früher eine Saint-Sernin-Kirche. Sie wurde erstmals in den Urkunden des Bischofs von Rodier erwähnt, der den "Orden Ludwigs IX" hier unterbrachte. Diese Kirche wurde während der Wirren der französischen Revolution 1796 zerstört. Ein schönes gotisches Fenster im Altarraum der Saint-Sernin-Kirche erleuchtete die Apsis. Karl VIII gab 1441 seine Zustimmung, dieses Fenster zu vergrößen.
Die Kirche stand neben dem Südtum des Narbonner Tors an der Stelle des jetzigen Kalvarienberges, den man vom Platz Marcou aus sieht. Der Legende nach soll dieser Turm dem Heiligen als Gefängnis gedient haben.

Photo links unten:
«Christus am Marterpfahl».

Photo rechts unten:
«Christus am Kreuz».

«Auferstehung», ebenfalls aus der Saint-Sernin-Kirche

1 2
3 4

1. LA TOUR-SAINT-PAUL (ST.-PAULUS-TURM)

Dieser Turm steht am äußersten Südostpunkt der Burg. Erreichbar ist er vom kleinen Innenhof aus. Früher führte eine steinerne Wendeltreppe zu ihm, heute ein Holztreppe. Die Attraktion des Turmes sind die Säle mit den Kuppelgewölben, wie sie für das 12. Jahrhundert typisch waren.

2. LA TOUR-DU-GRAND-BURLAS UND DIE ÄUßERE STADTMAUER

Er steht am Südwestpunkt der äußeren Stadtmauer. Bevor Ludwig IX diese zweite Mauer bauen ließ, war hier der schwächste Punkt der gesamten Festung, da wenig natürlicher Schutz vorhanden war.

3. ROMANISCHES KAPITELL

Die "Galerie der Inquisitoren", die den Turm der Justiz mit dem Haus der Inquisitoren verband, schmücken drei romanische Doppelfenster. Die Kapitelle des ersten und dritten Fensters sind mit Akanthusblättern umgeben. Auf dem Bild links unten sieht man einen sitzenden Mann, der ernst und weise blickend mit der rechten Hand einen nicht identifizierbaren Gegenstand in Form eines gekreuzten "O" gegen die Brust drückt.

4. DER SAINT-NAZAIRE-TURM

Dieser Turm ist zum Großteil wiedererbaut worden. Nur die beiden unteren Stockwerke stammen aus ihrer Zeit. Er diente ausschließlich zur Verteidigung des Südtors, das den Zugang zu den *lices* bot.

5. DER DEGRÉ-TURM

Er unterbricht den Wehrgang der Burg auf der Nordfront. Wie bei den Eingangstürmen verband eine Holztreppe an der Außenwand die Stockwerke. Hier ist einer der schönsten Aussichtspunkte auf die Neustadt.

6. DIE INNERE STADTMAUER, DIE GALERIE, DER TURM DER JUSTIZ UND DER PINTE-TURM

Wenn man vom Turm der Justiz kommt, geht man an der "Galerie der Inquisitoren" vorüber, an deren Ende eine Pechnase zu sehen ist, die sich genau über dem Audetor befindet. Am unteren Ende der Treppe sind zwei weitere Pechnasen.

5

6

Photo oben: Der Aufgang zum Audetor mit dem Turm der Justiz und im Hintergrund die Burg.

Photo unten: Die Südfront der Burg.

DER AUFGANG ZUM AUDE-TOR

Von der Saint-Gimer-Kirche geht der Weg zum Audetor hinauf. In der Nähe der Burg wird er zum befestigten Gang, der rechts und links von Zinnenmauern gesäumt ist. Ein niedriges Tor und eins mit zwei Kreisbogen aus dem 13. Jahrhundert bilden die "Außentore der Aude". Zur inneren Mauer hin, (siehe Bild links oben) die sich rechts entlangzieht, wurden Bogen auf Strebepfeilern errichtet. Pechnasen in ihnen sollten ihrer Funktion gemäß den Zugang verhindern. Der eingefriedete Platz, von dem aus das Foto geschossen wurde, wird von allen Seiten mit Zinnenmauern umgeben. Am Fuße des Justizturmes gelangt man durch ein Tor über eine Treppe zum eigentlichen Aude-Tor. Auch dieses Tor wurde durch Pechnasen geschützt.

DIE SÜDFRONT DER BURG

An der Südfront der Burg steht nur der St.-Pauls-Turm. Der Pinte-Turm, den man links sieht, steht in der Mitte der Zwischenfassade an der Westfront, die den kleinen Innenhof der Burg begrenzt. Zur Zeit der Vicomtes stand im kleinen Innenhof ein großer Säulengang, auf dem Ludwig IX einen gewaltigen Saal errichten ließ. Die Kragsteine sind noch zu sehen. Dieser Saal war der Prunk- oder Festsaal. Zu dieser Zeit ließ man auch das gotische Fenster an der Südfassade einbauen. (Siehe Foto links unten). Während der Festspiele der Stadt Carcassonne finden hier Theatervorstellungen und Konzerte statt.

Der äusseren Verteidigungsanlagen der Burg, die auch "Grand Châtelet" gennant werden.

Die imposante Masse der beleuchteten Burg.

Der Zugang zum Aude-Tor mit dem Petit-Canissou-Turm, der vom Turm der Inquisition beherrscht wird rechts: der viereckige Turm des Bischofs.

DIE STADT EINST UND HEUTE

Der ahnungslose Besucher ist sicher überrascht, im Inneren der Cité eine zwar mittelalterliche aber dennoch bewohnte Stadt zu entdecken. Wer das Narbonner-Tor passiert, sieht sich plötzlich einem Gewirr von engen Straßen, winkeligen Gäßchen gegenüber, durch die er oft stolpernd läuft, weil hier das Kopfsteinpflaster dem Aspalt noch nicht gewichen ist. Ein Andenkenladen reiht sich an den anderen. Bäckerladen, Antiquitätengeschäfte, Restaurants und Hotels säumen den Weg. Im Sommer wird es in der Cité sehr eng. Tausende von Besuchern kommen von weit her, um sie zu besichtigen. Mittags sucht man im Schatten der mächtigen Platanen Schutz vor der unerbittlichen Sonne. Auch nachts sieht man manchmal die Romantiker unter den Touristen auf Treppenstufen sitzen, und sinnend und nachdenklich das erleuchtete Städtchen betrachten. Den glücklichen Träumern ersteht das Leben von einst. Zur Zeit der Vicomtes und Könige herrschte reges Treiben in der Cité. Die Weber verarbeiteten die Wolle, die ihre Frauen gesponnen hatten, die Hämmer der barbrüstigen Schmiede schlugen auf die gluhenden Hufeisen für die Kriegspferde. Zimmerleute bauten an den Holzgalerien in der Burg, die Maurer schwitzten auf den Baustellen, die Soldaten spähten von den Türmen die Umgebung ab. Damals herrschte ein Rechtsempfinden, verbunden mit bürgerlichen Freiheiten, das heute seinesgleichen suchen kann. Die glanzvollste Zeit war im 12. Jahrhundert unter den Trencavels. Zu dieser Zeit war Carcassonne einer der berühmtesten Minnehöfe in Frankreich. Die troubadours wurden das ganze Jahr über in der Burg gastlich empfangen. Die höfische Lyrik blühte und erreichte ihren Höhepunkt. Im 13. Jahrhundert nahm die Cité unter königlicher Verwaltung einen verstärkt militärischen Charakter an, notwendigerweise, denn sie war Grenzstadt. Nach den Berechnungen des Viollet-le-Duc benötigte man zur Verteidigung der 48 Türme und der vier Vorwerke (Barbacanes) 1.323 Soldaten. Dazu kam noch die gleiche Anzahl von Hilfskräften und Arbeitern. Berechnet man den Umfang der beiden Stadtmauern (1100 Meter die innere, 1500 Meter die äußere) kommt man zu dem Schluß, daß pro Laufmeter ein Mann eingesetzt war, daß jeder Turm, jedes Vorwerk mit zirka zwanzig Männern verteidigt wurde. Die Burg muß eine Garnison von 200 Soldaten gehabt haben. Allein das Narbonner Tor war mit 50 Männern besetzt. In der Cité lebten an die 4000 Einwohner. Die *lices* zwischen den Stadtmauern dienten vermutlich als Material-, Waffen -und Bauholzdepot. Werfen wir noch einen letzten Blick auf das emsige Treiben, das sich auf den Bauplätzen abspielte. Hier wurden die monumentalen Bauwerke ausgeführt, die von den Königen Frankreichs in Auftrag gegeben worden waren und die letztendlich die Cité uneinnehmbar machten.

Das Aude-Tor mit einer Schießscharte.

DER TURM DER JUSTIZ

Er wurde im 13. Jahrhunder an der Stelle eines gallisch-römischen Turmes errichtet. Er diente als Archiv des Inquisitionsgerichtes, denn man wollte die Prozeßunterlagen gegen die Häretiker (Katharer) aufbewahren. Er besitzt keine Öffnungen für den nachträglichen Bau einer Holzgalerie. Vielleicht fürchtete man das Brandrisiko, das eine *hourd* unter dem Dach dargestellt hätte.

Der Saal im ersten Stock besitzt keine militärischen Vorrichtungen. Im gotischen Gewölbe, das durch sechs Rippen gebildet wird, stecken zwölf paarweise angebrachte Haken. Hier hingen die Säcke aus Tierhäuten, in denen die Inquisitionsdokumente verstaut waren.

Der Saal im zweiten Stock des Turmes der Inquisition, vom oberen Stockwerk aus gesehen.

DER TURM DER INQUISITION

Der runde Saal im Turm der Inquisition wird durch zwei nach oben rund verlaufende Fenster erhellt. Vor ihnen sind steinerne Bänke gemauert. Dazwischen liegt der riesige Kamin, der 1,40 Meter tief, zwei Meter breit und 2,30 Meter hoch ist. Hier wurden vermutlich die Marterwerkzeuge erhitzt. Gegenüber vom Kamin sind zwei Nischen in die Mauer eingelassen. An den Wänden findet man viele Inschriften, von denen die meisten unleserlich sind. Sie stammen aus dem 14. Jahrhundert und aus der Zeit danach. In der Nische, die der Tür am nächsten ist, sieht man eine Zeichnung, auf der eine nackte Frau dargestellt ist. Sie steht mit rücklings gefesselten Händen vor einem Pfahl.

Vor ihr steht ein Mann mit erhobenem Stock, um sie zu schlagen. Gleich daneben ist ein Kreuz eingeritzt.

Viollet-le-Duc fand hier bei Aufräumungsarbeiten menschliche Gebeine. Es führt keine Treppe ins Erdgeschoß und man war gezwungen, mittels eines Seils oder einer Leiter hinabzusteigen.

In der Mitte reckt sich eine steinerne Säule empor, an der schwere Eisenketten hängen. Es ist kein Zweifel mehr möglich, hier war das Gefängnis.

Philipp der Kühne, der diesen Turm um 1280 erbauen ließ, überließ dem Bischof des benachbarten Bistums den unteren Teil des Turms. Er heißt heute noch der "runde Bischofsturm".

Die Bischöfe hatten zu Beginn der Inquisition (1233) die Aufsicht über das Sondergericht.

Die Verengung der «Lices» zwischen dem Turm der Inquisition (rechts) und dem Kleinen-Canissou-Turm (links).

1

2

1) LINKS DER KLEINE-CANISSOU-TURM, RECHTS DER TURM DER INQUISITION

Die *lices* verengen sich zwischen diesen beiden Türmen. Dieser Durchgang war absichtlich so gebaut worden, da er leicht verteidigt, ja, sogar geschlossen werden konnte, wenn es den Feinden gelungen war, einen Teil der Kampfplätze zu erobern.

2) DER VIERECKIGE TURM DES BISCHOFS, VON DEN LICES AUS GESEHEN

Dieser Turm verdankt seinen Namen dem Bischofspalast der Cité. Er stammt aus dem 13. Jahrhundert und war ein Beobachtungsturm. Auf seiner oberen Plattform stand eine Steinwurfmaschine, die man sich wie ein riesiges Katapult vorstellen muß. Zwei seiner Warttürmchen sind nach außen gerichtet, zwei nach innen zur Cité. Man war also gegen Angriffe von außen und innen gewappnet.

3) DER GROßE CANISSOU-TURM *(vom viereckigen Turm des Bischofs aus gesehen)*

Jenseits des viereckigen Bischofsturms verbreitern sich die *lices* wieder. Die starken Mauern, die die *lices* einfriedeten, schützten den Bischofssitz und die äußere niedrige Stadtmauer. Der Große-Cannissou-Turm wurde von Ludwig IX errichtet und steht im Verteidungsbereich des Cahuzac-Turmes der inneren Stadtmauer.

4) DER GRAND-BURLAS-TURM *(vom äußeren Graben aus gesehen)*

Dieser Turm liegt an der gefährdetsten Stelle der Cité und wurde deshalb von Ludwig IX mit besonderer Sorgfalt erbaut. Er unterbricht den Wehrgang und bildet ein großes, halbisoliertes Bauwerk. Der Carcassonner Chronist Besse, der im 17 Jahrhundert lebte, berichtet von einer "Barbacane du Grand Burlas". Vermutlich war auch hier ein Ausgang.

5) DER MOULIN-DU-MIDI-TURM-UND IM HINTERGRUND DER MIPADRE-TURM

Auf diesen Turm stand einst eine Windmühle. (Übersetzung: "Turm der Mühle des Südens) Von ihm aus kam man zu einem großen Platz innerhalb der Burg, der "Cloître" oder "Clos Saint Nazaire" gennant wurde. Heute ist er teilweise durch das große Freilichtheater zugebaut, auf dem im Juli die Carcassonner während der Festspiele Theateraufführungen veranstalten.

6) DER SAINT-NAZAIRE-TURM

Wie der Bischofsturm ist er viereckig. Mit seinen Spähtürmen, einem Brunnen, einer Mühle und einem Backofen war er weitgehend autonom und der Wächter des südlichen Tores. Er steht zwischen der äußeren Stadtmauer und der Tour Crémade.

3 4

5 6

DER MOULIN-DU-MIDI-TURM

Bei der Restauration dieses Turmes verzichtete Viollet-le-Duc auf die Errichtung einer Mühle. An dieser Stelle soll dem Leser gesagt werden, daß er der Benennung der Türme nicht zuviel Wert beimessen sollte. Sie wurden nach ihrer Funktion, ihrem Standort oder nach einer Persönlichkeit benannt. Ob ihre Namen nun richtig oder falsch sind: wir benötigen sie nun einmal.
Die ehemalige Mühle wurde im 13. Jahrhundert erbaut und diente den Zwecken der Garnison. In beiden benachbarten Türmen (Mipadre und Saint-Nazaire) standen Backöfen, das Wasser holten die Bäcker aus dem Brunnen des Saint-Nazaire-Turms. Im Falle einer Belagerung konnte die Garnison auch ohne Hilfe von außen existieren.

DER GEFÄNGNISTURM

Man sieht heute noch die Löcher, wo damals die eisernen Gefägnisgitter befestigt waren. Die Kritzeleien an den Wänden stammen von den Gefangenen. Sie müssen jedoch relativ ungefährliche Inhaftierte gewesen sein, denn sie hatten genug Licht und Luft, zudem lagen sie in unmittelbarer Nähe eines Tores, das zur Stadt führte.

Photo oben: Der Moulin-du-Midi-Turm, von der Stadt aus gesehen.
Photo unten: Der Gefängnisturm.

Die Basilika Saint-Nazaire und Saint-Celse, Südansicht.

DIE BASILIKA SAINT-NAZAIRE

Vor dem südlichen Querschiff steht die in der zweiten Hälfte des 13. Jahrhunderts erbaute Radulphe-Kapelle. Deutlich sichtbar sind die drei Bogen, die einst zum "Cloître-Saint-Nazaire" gehörten. Das ehemalige Kloster existiert nicht mehr. Die Domherren lebten innerhalb dieser Schutzmauern, die in einer Bulle von Papst Gregor IX (1226) als "clausuae locorum" bezeichnet wurden. Sie bewohnten isolierte Häuser oder Zellen, aßen gemeinsam im Speisesaal. Zu ihrem Bereich gehörten: Küche, Vorratskammer, Brunnen, Scheunen und Geschäfte, ein Krankenhaus und eine Sakristei. Das Ganze bildete eine Einheit, die Cloître (Kreuzgang) genannt wird.
Hinter der Kapelle erhebt sich die Basilika. Das romanische Kirchenschiff (links) stammt aus dem 11. und 12. Jahrhundert, das gotische Querschiff (rechts) und der gotische Chor wurden im 13. und 14. Jahrhundert angebaut.
Viollet-le-Duc schrieb in einem Bericht an das Kulturministerium, die Cité sei ein Museum und dessen Juwel diese Kirche.

Die Basilika Saint-Nazaire und Saint Celse war bis 1801 Kathedrale. Sie steht an der Stelle einer karolingischen Kathedrale.
Als die untere Stadt ihren Aufschwung nahm, begann die Cité zu verfallen. Die Bischöfe gewöhnten sich allmählich daran, im der Neustadt zu wohnen, und 1745 machte der Bischof Bazin Bezon sie zum endgültigen Sitz. Er ließ sich einen Palast bauen, in dem heute die Prefektur untergebracht ist.
Die Arbeiten an der Kathedrale begannen gegen Ende des 11. Jahrhunderts. Als Papst Urban II im Juni 1096 zum Kreuzzug aufrief, segnete er die Kirche und das Baumaterial. Solange die Vicomtes herrschten, blieb die romanische Kirche unverändert. Als aber der Süden vom Norden besiegt wurde und der König von Frankreich Herrscher der Stadt wurde, schlug sich diese Veränderung auch in der städtischen Architektur nieder.
Guillaume Radulphe, ein Bischof aus dem Norden, begann von 1255 bis 1266 mit dem gotischen Anbau an der Basilika. In März 1263 erhielt er zudem vom König die Erlaubnis, das Krankenhaus des Stiftes zu vergrößern. Er ließ eine Kapelle errichten, die heute seinen Namen trägt. In ihr liegt sein Grabmal, ausgeführt in reinem gotischem Stil.

Der achteckige Turm des gotischen Teils von Saint-Nazaire, von der Innenstadt aus gesehen.

DAS INNERE DER BASILIKA SAINT-NAZAIRE UND SAINT-CELSE

Im Kircheninneren herrscht strenge Architektur vor. Man erblickt eine Reihe viereckige Säulen, vier halbrunde, in die Mauern eingelassene und starke Rundsäulen. Die Kapitelle sind verschiedenartig ausgeführt.

Wir befinden uns im romanischen Kirchenschiff, das gegen Ende des 11. Jahrhunderts begonnen und im 12. Jahrhundert vollendet wurde. Es wird durch Säulen optisch in drei Teile geteilt. Das Hauptschiff hat durchbrochene Gewölbebögen, die erst später aufeinander abgestimmt worden sind. Die beiden Seitenschiffe sind mit Rundbögen ausgestattet. Diese Bögen beginnen in Höhe des Hauptschiffgewölbes und bilden somit eine Stütze. Hauptschiff und Seitenschiffe sind mit einem zweiflächigem Dach überdeckt.

Das Kirchenschiff ist in sechs Felder geteilt. Der Altarraum wird durch Hunderte von Lichtstrahlen erhellt, die durch die prachtvollen Fenster der Apsis fallen.

Dieser gotische Teil, der teilweise die romanische Apsis ersetzt hat, wurde 1269 begonnen. Im selben Jahr schenkte Ludwig IX dem Bischof und dem Stift "zwei Maße der Straße, die zur Kirche führt", damit die Apsis wiederhergestellt und um ein Drittel verlängert werden konnte. Vermutlich wurden diese Arbeiten von Architekten aus dem Norden geleitet.

Die Vereinigung von romanischem und gotischem Stil ist die Hauptcharakteristik der Basilika. Es handelt sich hier nicht um ein bloßes Nebeneinander, sondern um eine harmonische Vereinigung.

Das Querschiff und der Chor sind spitzbögig, das Gewölbe des Altarraumes scheint von Kirchenfenstern getragen zu werden. An den Säulen des Altarraumes sind 22 Figuren zu sehen. Sie stellen Christus, die Jungfrau, die zwölf Apostel, sechs Heilige und zwei Engel dar und stammen aus dem ersten Viertel des 14. Jahrhunderts. Der Umgang des Altarraumes ist mit einer Galerie von Spitzbogen ausgestattet, die die Fenster des Chores stützt. Von jeder Säule führen Bögen zu einer kleineren Zwischensäule. Auf den Kapitellen am Ausgangs - und Verbindungspunkt sind seltsame, phantastische Gestalten dargestellt. Man sieht Engel mit Weihrauchfässern, Engel mit Bändern, Priester, Männer mit gekrümmten und verzerrten Körpern, andere mit Tierköpfen, einen musizierenden Hirten, Vögel, Schlangen, Affen, eine Bache, die ihre Jungen nährt, Kalbsköpfe und Füchse. Die symbolische Bedeutung kennen wir nicht mehr.

Balustrade, Konsolen und Regenrinnen des gotischen Teils von Saint-Nazaire.

Die Apsis von Saint-Nazaire.

DIE APSIS VON SAINT-NAZAIRE

Der Teil der Kirche, der durch die Apsis und das Querschiff gebildet wird, ist sehr elegant und graziös. Sowohl die Strebepfeiler wie auch die Fensterpfosten sind schmal und aufstrebend. Das Dach des gesamten spitzbögigen Teils der Kirche ist mit einer durchbrochenen Brüstung mit runden und lanzettförmigen Blättern umgeben. Über den Strebepfeilern befinden sich zierliche Glockentürme, die dem Gebäude einen Ausdruck von Schwerelosigkeit geben. Unter den Gesimsen gibt est eine Reihe von Konsolen, auf denen verschiedene Köpfe dargestellt sind.

WER WAR SAINT-NAZAIRE?

Dank der "Historia Lombardina" oder "Goldenen Sage" des Dominikaners Jacques de Voraggio, der um 1230 bei Genua geboren wurde, wissen wir um die Herkunft Nazaires.
Er war der Sohn des Afranius, eines berühmten Juden dieser Zeit und der Heiligen Perpetua, einer römischen Christin. Nazaire wurde von Petrus getauft. Als unter Nero die Christenverfolgung begann, baten ihn seine alten Eltern, Rom zu verlassen. Er verteilte sein Reichtümer an die Armen und verließ die Stadt in Begleitung von sieben Samaritern. Unterwegs erschien ihm seine inzwischen verstorbene Mutter im Traum und riet ihm, nach Gallien zu gehen. Diesem Rat folgend, muß er durch unsere Gegend gekommen sein, da es viele Kirchen gibt, die nach ihm benannt sind. Er galangte bis nach Saint Nazaire an der Atlantikküste. Hier wurde er erkannt und gefangengenommen. Ein Kind mit Namen Celse sah dies mit an und begann zu weinen. Die Häscher schlugen es und legten es wie Saint Nazaire in Ketten. Nero ließ die beiden Gefangenen ins Gefängnis werfen. In diesem Zeitraum drang eine Rotte wilder Tiere in den Palastgarten und zerfleischte jeden, der ihr im Wege stand. Nero sah darin ein böses Omen und befahl, die beiden töten zu lassen. Obwohl ihnen die Flucht gelang, wurden sie endgültig in Mailand ergriffen und enthauptet.

Basilika Saint-Nazaire, Kirchenschiff und Chor.

Das romanische Kirchenschiff und die Orgel.

DAS ROMANISCHE KIRCHENSCHIFF UND DIE ORGEL

Die Orgel existierte schon im Jahr 1522 und hatte eine noch ältere Orgel ersetzt. Im Jahr 1614 besaß sie 37 Pfeifen und sieben Register. Gegen Ende des 17. Jahrhuderts wurde sie durch den Orgelbauer Jean de Joyeuse restauriert, der vorschlug, sie zu vergrößern. Im Jahr 1772 wurde Jean-Pierre Cavaille mit der Reparatur und der Vergrößerung des Instruments beauftragt. Er stellte die heutige Orgel auf und stattete sie mit Fußhebeln aus. Gegen Ende des 19. Jahrhunderts wurde die Orgel durch den Orgelbauer Michel Roger aus Bordeaux restauriert. Seine Arbeit bestand hauptsächlich in der Erneuerung des Gebläses, der Mechanik der Tasten und der Hebel. Seit 1925 besitzt die Orgel ein elektrisch betriebenes Gebläse. Seit damals steht sie auch unter dem Schutz der «Gesellschaft der Freunde der Orgel». Die nötigen Erneuerungsarbeiten werden unter Aufsicht des Amtes für Denkmalschutz ausgefürhrt.

WEIHWASSERBECKEN AUS DEM 12. JAHRHUNDERT

Dieses Weihwasserbecken besteht aus einer gewundenen, sechsflächigen Schale, die auf einem Aufsatz und einem Säulenschaft ruht, der ebenfalls gewunden ist.

TAUFBECKEN

Das Taufbecken befindet sich am Ende des rechten Seitenschiffes, in der Notre-Dame-des-Bonnes-Nouvelle-Kapelle. Diese Kapelle wurde im Jahr 1430 in Erinnerung an die Eroberung Orleans durch Jeanne d'Arc erbaut.

DAS GRABMAL PIERRE DE ROCHEFORTS

Die Saint-Jean-Kapelle hieß früher Saint-Pierre-Kapelle und wurde unter Pierre de Rochefort erbaut. Er war von 1300 bis 1321 Bischof von Carcassonne. Nach seinem Tod wurde an der westlichen Mauer sein Denkmal errichtet. Darauf trägt er das Priestergewand, rechts und links von ihm stehen Diakone. Jede Figur steht in einer spitzbogigen Nische. Zu ihren Füßen zieht eine Prozession von Priestern und Mönchen vorüber. Die Szene stellt vermutlich das Begräbnis des Bischofs dar. Pierre de Rochefort steht hochaufgerichtet, in seiner linken Hand hält er den Bischofsstab, recht das Kreuz. Auf der kreisrunden Schließe seines Mantels ist das Osterlamm mit der Standarte der Neustadt abgebildet. In die Schärpe des Meßgewandes sind die "rocs d'échiquier", das päpstliche Wappen, eingestickt. Diese Grabtafel befindet sich vor dem eigentlichen Grab. In der Kapelle stehen noch zwei Statuen aus dem 14. Jahrhundert, die den Heiligen Petrus und den Heiligen Paulus darstellen.

Grabmal Pierre de Rochefort's.

Photo oben: Die Kanzel von Saint-Nazaire, aus der Empire Zeit.

Photo unten: Die Statue des Heiligen Antonius von Padua.

DIE KAPELLE DES HEILIGEN ANTONIUS

Die Nische gleich links vom Eingang verdeckte einen Teil des romanischen Portals und wurde während der Renovierung beseitigt. Die einzigen Überreste sind zwei Bogen aus dem 16. Jahrhundert.

DIE FENSTER DES CHORS *(von links nach rechts)*

Erstes Fenster: Auf grauem Grundton wurde geometrisch geschliffenes Glas gesetzt. Dieses Fenster wurde von Viollet-le-Duc aus den Resten eines aus dem 18. Jahrhunderts stammenden Fensters rekonstruiert.
Zweites Fenster: Es stammt aus dem 14. Jahrhundert und ist in zwei Felder geteilt: links eine Reihe von Szenen, die das Leben des Heiligen Petrus darstellen, rechts sind Szenen aus dem Leben des Heiligen Paulus zu sehen. Die beiden Biographien sind von unten nach oben zu lesen.
Drittes Fenster: Dieses Fenster mit großen Figuren stammt aus dem 16. Jahrhundert. Links unten: Die Mutter von Saint-Celse stellt ihren Sohn Saint-Nazaire vor. Im oberen Teil sind Saint-Sernin und Saint-Gimer dargestellt.
Viertes Fenster: Dieses Fenster mit kleinen Figuren entstand vermutlich Anfang des 14. Jahrhunderts und ist das Älteste. Es ist in 16 Felder geteilt und enthält Szenen aus dem Leben Christi. Um es verstehen zu können, muß man jeweils ein rechtes und ein linkes Feld von unten nach oben lesen.
Fünftes Fenster: Es stammt aus dem 16. Jahrhundert. Unten sieht man die Jungfrau im Tempel, oben die Geburt Christi.
Sechstes Fenster: Hier werden 16 Szenen aus dem Leben Saint-Nazaires und Saint-Celses dargestellt. Sie sind von unten nach oben und von links nach rechts zu lesen. Dieses Fenster stammt aus dem 14. Jahrhundert.
Siebentes Fenster: Auch hier handelt es sich - wie beim ersten - um ein modernes Fenster.

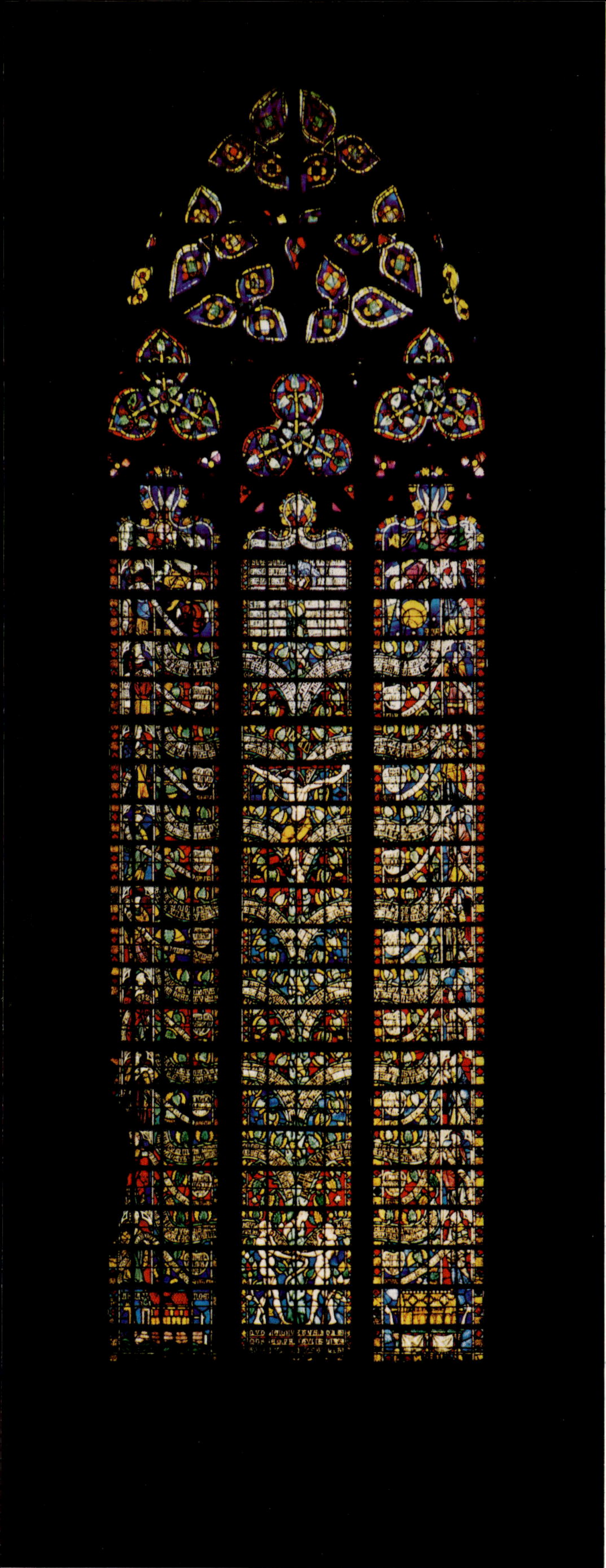

Links: «Der Lebensbaum».

Rechts: «Der Baum Jesse».

Photo oben: Nord-Rosette.

Photo unten: Süd-Rosette.

DER LEBENSBAUM

Dieses Fenster stammt aus dem 14. Jahrhundert und enthält ein Band mit einer Inschrift Sankt Bonaventuras. Viollet-le-Duc ließ den unteren Teil des Fensters durch den Pariser Maler Gérente reparieren, der die vier Flüsse des Paradieses durch die Darstellungen von Adam und Eva, der Arche Noahs und der Bundeslade ersetzt hat. Damit wurde der Lebensbaum zu einem Todesbaum. Die Inschrift «*Que ligno vetus Adam mortem protulit novus Adam vitam retulit*» versucht, den Fehler wieder gut zu machen. Dieses Fenster befindet sich in der Heiligen-Kreuzkapelle, rechts vom Chor.

DER BAUM JESSE

Dieser Fenster aus dem 14. Jahrhunert befindet sich in der Notre-Dame-Kapelle. Im oberen Teil des Fensters ist eine Darstellung des Jüngsten Gerichts zu sehen. Im rechten und im linken Feld befinden sich 16 Medaillons, auf denen Propheten dargestellt sind; von unten nach oben: Jesse, David, Salomon, Roboam, Abias, Asa, Josaphat und Joram.

DIE NORD-ROSETTE

Sie ist älter die Südrosette und stammt aus dem Anfang des 14. Jahrhunderts. Ihr Hauptmotiv stellt die Himmelskönigin auf dem Thron dar, die das Kind auf dem Schoß hält. Sie ist von Engeln, Propheten und Heiligen umgeben.

DIE SÜD-ROSETTE

Sie stammt aus dem 14. Jahrhundert; ihr Hauptmotiv ist der majestätische, lehrende Christus, der ein Buch in der linken Hand hält. In den beiden unteren Ecken sind der Heilige Petrus und der Heilige Paulus zu sehen. An der rechten und der linken Seite von Christus ist das Wappen Pierre des Rocheforts abgebildet.

Süd-Flügel des Querschiffes von Saint-Nazaire.

Alabasterstatue des Bischofs Géraud du Puy.

RUHENDE FIGUR DES BISCHOFS GÉRAUD DU PUY

Rechts von der Notre-Dame-Kapelle, in einer spitzbögigen Nische, ist das Grabmal eines Bischofs zu besichtigen; wahrscheinlich handelt es sich dabei um die Grabstätte des Bischofs Géraud du Puy von Narbonne. Die Füße der Alabasterfigur ruhen auf einem Löwen.

VIELFARBIGE PIETA'

Diese Pietà aus dem 16. Jahrhundert ist von ungewisser Herkunft. Sie hat ihren Platz in einer Nische der Sankt-Annen-Kapelle; man beachte den Gesichtsausdruck der Jungfrau.

DREIFALTIGKEIT

Diese Steinskulpur stammt aus dem 14. Jahrhundert. Gottvater ist sitzend dargestellt, die Taube - als Symbols des Heiligen Geistes - kommt aus seinem Mund und stellt die Verbindung zum Sohn am Kreuz her.

Photo unten: Der «Stein der Belagerung».

DER «STEIN DER BELAGERUNG»

Dieses Bas-Relief ist vermutlich das Fragment eines Sarges. Es befindet sich an einer Mauer der Saint-Lauren-Kapelle, die 1324 durch den Bischof Pierre de Rodier gegründet wurde. Auf dem Stein ist eine Belagerungsszene dargestellt. Der Stein stammt aus der estern Hälfte des 13. Jahrhunderts, man hat jedoch niemals herausgefunden, ob es sich um eine Szene der Belagerung Carcassonnes von 1209 oder von 1240 handelt, oder ob sich die Szene auf die Belagerung von Toulouse im Jahr 1218 bezieht, bei der Simon de Montfort seinen Tod fand.

Pietà.

Dreifaltigkeit.

Die Heilige Anna (Terrakotta).

Notre-Dame-de-la-Santé (Madonna der Gesundheit), (Terrakotta).

Die hohen Lices.

DIE HOHEN LICES

Ein Spaziergang dorthin gehört auf jeden Fall zum Besuch der inneren Stadtmauer. Vom Fuß der Türme aus kann man erkennen, daß jede Epoche die auf die Reste ihres Vorgängers baute, Vorteile suchte und neue Verteidigungsmethoden anwandte.

Wenn man vom Narbonner Tor nach rechts geht, kommt man - bevor man die Zugbrücke überquert - zu den hohen *lices*, dem Weg zwischen den beiden Stadtmauern. Der erste Turm rechts gehört zur Saint-Sernin-Kirche, die Kirche selbst existiert nicht mehr, eines ihrer gotischen Fenster ist jedoch noch vorhanden. Der zweite Turm ist der Trauquet-Turm, hinter ihm steht ein viereckiges Gebäude, von dem aus eine Treppe in einen unterirdischen Raum unter den *lices* führte. Dort fanden 40 Soldaten Platz, und von dort aus gelangte man durch das kleine Tor des Peyre-Turmes zum äußeren Graben. (Erster Turm links) Der dritte rechte Turm ist der Saint-Laurent-Turm, der nächste der Davejean-Turm, der in seiner Mitte mehrere Schichten römischer Steinblöcke aufweist. Der letzte Turm rechts ist der Balthazar-Turm aus dem ausgehenden 13. Jahrhundert. Charakteristisch an ihm sind seine Buckelquader. Er steht gegenüber vom Vade-Turm.

Als die Stadt nach dem Pyrenäenvertrages (1659) ihre strategische und militärische Bedeutung verloren hatte, bauten die Einwohnern Carcassonnes an die äußere und innere Mauer Häuser, so daß von den *lices* nur noch eine schmale Gasse übrigblieb. Viollet-le-Duc ließ sie während der Restaurationsarbeiten abreißen.

Oben rechts: Der Balthasar-Turm (La Tour-du-Balthazar).

Oben links: Der Trauquet-Turm (La Tour-du-Trauquet).

Photo unten: Der Peyre-Turm, von der Zugbrücke aus gesehen.

DER VADE TURM (LA TOUR-DE-LA-VADE)

Dieser Turm ist ein Bergfried. Er war eines der ersten Bauwerke, die Ludwig IX ausführen ließ. Anfangs stand er frei, wurde aber später mit der äußeren Stadtmauer verbunden. Sie wurde Mitte des 13. Jahrhunderts erbaut und dieser Turm integriert. Das fünfstöckige Bauwerk steht auf einem Felsen und besitzt Kamine, einen Backofen, Aborte und einen zirka 26 Meter tiefen Brunnen. Sein Name kommt von languedoc'schen "bada", das "schauen" heißt. Von der Spitze des Turmes überblickt man die ganze Cité. Ein Ausfalltor führt zum äußeren Graben. Hier befand sich das Hauptquartier der "Mortes-Payes", einer von Ludwig IX gegründeten Elitetruppe, die damals aus 220 Mann bestand. Ihre Anstellung war auf Lebenszeit und konnte ererbt werden. Diese Männer unterstanden einem Feldherren, dem "Connétable". Ihr höchster Befehlshaber jedoch war der König. Jeden Sonntag trafen sie sich auf den *lices*, um sich im Bogenschießen zu üben. Ein hölzerner Vogel auf der Turmspitze diente als Zielscheibe. Der Vade-Turm überragt den äußeren Burggraben.

DER TRÉSAU-TURM ODER TRESOR-TURM

Er verstärkte die Verteidigung der Narbonner Türme und ist einer der schönsten Buckelquader-Türme Europas. Er ist 30 Meter hoch und seine Mauern sind vier Meter dick. Von der Cité aus gesehen, erinnert er durch seine Giebel an die flämischen Türme. Er ist von zwei kleinen Wachtürmen umgeben. Hier waren im königlichen Zeitalter die Archive untergebracht. Erbaut wurde er im 13. Jahrhundert.

DER MOULIN-DU CONNETABLE-TURM

Hier beginnt der älteste Teil der Festung. Dieser Turm ist noch teilweise römisch, hat ein Gewölbe aus dem 12. Jahrhundert, die Zinnen aus dem 19. Jahrhundert. Auf einem Dokument von 1467 war er noch eine Windmühle. Man weiß, daß der Connetable als Kommandant der "Morte-Pays" eine Wohnung in der Cité hatte. Vermutlich lag diese direkt neben dem Turm, da er von ihr seinen Namen erhielt.

DER MARQUIÈRE-TURM (LA TOUR-DE-LA MARQUIÈRE)

Dieser Turm gehört zur alten gallisch-römischen Stadtmauer, die unter Ludwig IX untermauert wurde. Wie seine Nachbarn besitzt er alle Charakteristika der römischen Türme, die zu der Zeit der Barbareninvasion errichtet wurden. An der Außenseite ist er halbrund, zur Cité hin flach. Auffallend sind die Reihen von roten Ziegelsteinen, die als Ausgleichsteine dienten. Bis zur Höhe des Wehrgangs ist er massiv gebaut. Zwei leicht verbarrikadierbare Türen führen zum Wehrgang. Er besitzt keine Schießscharten. Nach der Außenseite öffnen sich drei Rundbogenfenster. Ein weiteres Fenster an der flachen Seite geht zum "castrum". Das erste Stockwerk war mit dem nächsten durch Leitern verbunden.

Der Trésau-Turm (rechts) und der Bérard-Turm (links).

Photo oben: Der Moulin-du-Connétable-Turm.

Photo unten: Der Marquière-Turm.

Das Rodes-Ausfalltor, der Samson-Turm
und der Moulin-d'Avar-Turm

EINE TEIL DER INNEREN GALLISCH-RÖMISCHEN STADTMAUER

Das Rodez-Ausfalltor (im Norden) stammt aus dem 13. Jahrhundert und hat vermutlich ein ehemaliges römisches Tor ersetzt. Die zwei Türme auf dem Foto sind gallisch-römisch, sie wurden im 13. Jahrhundert untermauert und im 19. Jahrhundert restauriert. Der Zwischenwall ist wegen der abfallenden Böschung an der Westseite zwischen 4,50 und 6 Meter noch. An anderen Stellen waren die römischen Mauern 7 bis 8 Meter hoch. Die Türme stehen relativ dicht beieinander, da sie nach der Reichweite der Wurfwaffen berechnet und gebaut worden waren. Ludwig IX verdoppelte später beim Bau der äusseren Mauer den Abstand der Türme. Zu seiner Zeit waren die Armbrüste aufgekommen, die die doppelte Reichweite der ehemaligen Wurfwaffen hatten.

Der Aufgang zum Aude-Tor, Westseite der Stadt.

DIE WESTSEITE DER STADT

Die Westseite der Stadt hatte als einzige natürlichen Schutz durch den steilen Abhang, der auf dem Bild zu sehen ist, ebenfalls durch die Aude, die früher näher an der Cité vor- ebenfalls durch die Aude, die früher näher an der Cité vor- beifloß. Die Vertedigungsanlagen wurden auch hier verstärkt. Der relativ neue Weg vom "Faubourg de la Barbacane" zum Aude-Tor macht eine plötzliche Wendung zur Burg hin, und man steht auf einem großen eingefriedeten Platz (Beschreibung Seite 30). Die Mauern dieses Platzes verdienen besondere Aufmerksamkeit. Man erblickt einen kleinen Wachtposten, der früher vermutlich überdacht war. Dahinter öffnet sich (in Nordwestrichtung) ein spitzbogiges Tor, das "Seneschallentor". Von ihm aus gelangt man zu den oberen *lices*. Eine riesige Zinnenmauer, die zwei Eingänge gleichzeitig versperrt, diente einem doppelten Zweck. Sie stoppte Angreifer vor der Verteidigungsanlage des Aude-Tors, und sie machte Angriffe von den *lices* her unmöglich. Der mit Zinnen versehene Zwischenwall verläuft parallel zur äußeren Mauer. Die Verteidiger konnten sich auf dem treppenartigen Wehrgang dieses Zwischenwalls aufhalten. Rechts ist die innere Stadtmauer noch höher. Es mußte deshalb eine Rückzugsmöglichkeit für die Verteidiger geschaffen werden, falls es dem Feind gelingen solte, in den befestigten Platz einzudringen.

Diese Möglichkeit bot die rechte Tür, deren Schwelle sich beinahe in der Luft befindet. Von dieser Türe aus führte eine Treppe zum Aude-Tor. Auf dem Platz steht ein Stein, der die die Stelle der Zisterne markiert, deren Eingang sich in der Mauer befindet. Bei normaler Witterung waren die Zisternen der Cité gefüllt, jedoch wird sich der Leser erinnern, daß der Wassermangel im Jahre 1209 während der Belagerung durch die Kreuzritter der Stadt zum Verhängnis wurde.

Im August dieses Jahres waren alle Brunnen und Zisternen leer. In der Wasserversorgung lag der schwächste Punkt der Festung. Hier konnten auch die königlichen Ingenieure keine wirksame Abhilfe schaffen, obwohl sie mehrere Brunnenschächte in der Cité anlegten.

Die Römer, die Meister auf diesem Gebiet waren, hatten vermutlich das Wasser der Bäche des Pech-Mary-Hügels gesammelt und durch ein Aquädukt in die Cité geleitet. Cros-Meyrevieille schreibt von Resten einer römischen Wasserleitung, die noch lange existiert haben müssen.

Heute gibt es 22 Brunnen und Zisternen in der Cité. Zwei davon - der Große Brunnen und der Plô-Brunnen - sind öffentliche Brunnen.

DIE FESTBELEUCHTUNG DER STADT AM 14. JULI

Flammen erhellen die Dunkelheit. In der Cité brennen hundert Feuer. Ist der Schwarze Prinz zurückgekommen? Will er die Festung brandschatzen? Was bedeuten die Rauchschwaden und die roten Lichter? Schüsse knallen! Kommt der Lärm von Hilfeschreien und Verzweiflungsrufen? Ist es Waffengeklirr? Stammt die Rauchentwicklung von flüssigem Blei, von siedendem Öl? In dieser Nacht leuchtet die Cité purpurfarben -in Erinnerung an die Kämpfe, die sie zu ihrer Verteidigung und ums Überleben führen mußte.
Wenn wir uns von der Phantasie leiten lassen, erstehen die großen Männer Carcassonnes vor unseren Augen. Raymond-Roger Trencavel, Simone de Montfort, Ludwig IX, Philipp de Kühne.
Vergangenheit tut sich vor denen auf, die zu sehen vermögen!

Die Festbeleuchtung der Stadt.

Die Katharer

Zwischen dem 11. und 13. Jahrhundert entstand in einigen westeuropäischen Ländern eine starke Reformbewegung, die je nach Ursprungsland verschiedene Bezeichnungen annahm. In Südfrankreich waren die Anhänger dieser Bewegung die Katharer, die ihren Namen aus dem Griechischen "catharos" (rein, vollkommen) ableiteten, beziehungsweise die Albigenser (nach dem großen Streitgespräch 1165 im Schloss von Lombres in der Nähe von Albi, wo sich Häretiker und Katholiken gegenüberstanden).

Im Streit mit der Kirche, die sie als "große Dirne" und "Synagoge des Teufels" bezeichneten, predigten die Katharer eine radikale moralische Erneuerung. Die Welt teilte sich in zwei grundlegende Wesenheiten, das Gute und das Böse. Gott ist der Schöpfer des Geistes, Satan der Schöpfer der Materie.

In die Ethik übertragen, wandelte sich dieser Dualismus zu einer Art rigoroser Askese, welche die Ehe und Fortpflanzung verdammte, Eigentum und Waffengebrauch verurteilte, den Schwur verbot und alle zur Arbeit verpflichtete.

Das einzige anerkannte Sakrament war das sogenannte "Consolamentum", das Auflegen der Hände, mit dem die Sünden vergeben wurden und die Seele ihre ursprüngliche Reinheit wiedererlangen konnte.

Die Katharer, die eine regelrechte kirchliche Hierarchie aufgebaut hatten, nannten sich "Boni homines" oder "Boni Christiani", für Bernhard von Clairvaux hingegen waren sie "Apostel des Satans".

Das römische Papsttum unter Innozenz III. war zunehmend besorgt über die Ausdehnung und Verstärkung der katharischen Häresie in der Languedoc, in der man eine Bedrohung für die Einheit des Christentum erblickte.

Der unter mysteriösen Umständen eingetretene Tod des päpstlichen Legats Pierre de Castelnau im Jahr 1208 in Saint-Gilles war der Anlass für die Auslösung einer bewaffneten Unterdrückung der katharischen Häretiker und all derer, die sie aus religiösen Gründen oder politischen Interessen unterstützten.

Es folgten lange Jahre eines erbitterten Kampfes, der von Belagerungen und Schlachten, Mord und Vergeltungsakten, Massakern und Torturen gekennzeichnet war, Jahre, die vom gespenstischen Feuerschein der brennenden Scheiterhaufen erhellt wurden.

Die Verfolgung die Katharer zog sich durch das gesamte 13. Jahrhundert. Erst Anfang des 14. Jahrhunderts kam die Lehre der Katharer mit dem Feuertod von Guillaume Bélibaste, der 1321 in Villerouge-Termenès lebendig verbrannt wurde, zum Erlöschen.

DIE SCHLÖSSER DER KATHARER

Schloss Peyrepertuse

Das in 800 Meter Höhe gelegene, fast unzugängliche Peyrepertuse ist sicher das größte und besterhaltene aller Feudalschlösser der Region. Im Gegenteil zu anderen Festungsbauten wurde Peyrepertuse nicht belagert, sondern zog es vor, sich 1240 dem König von Frankreich zu unterwerfen. In dem zu einem Verteidigungsstützpunkt an der Grenze der Pyrenäen umgebauten Schloss von Peyrepertuse war noch bis zur Französischen Revolution eine kleine Militärgarnison stationiert. Im Inneren des doppelten Mauergürtels nimmt sich das Schloss Saint-George mit der in schwindelnder Höhe in den Fels geschnittenen Treppe fast wie eine Festung in einer Festung aus.

Schloss Queribus

Queribus, 700 Meter hoch im Herzen der Corbières gelegen, wirkt wie die natürliche Fortsetzung der Felsmassen, aus denen der mächtige Bergfried aufragt. Im Inneren des Donjons befindet sich der gotische "Pfeilersaal", wo die Decke auf einem Mittelpfeiler ruht, von dem strahlenförmig vier spitzbogige Kreuzgewölbe und acht schmale Kreuzrippen ausgehen.

Burgkomplex Lastours

Nördlich von Carcassonne liegen auf einem 400 Meter langen und 50 Meter breiten Felsgrat vier Burgen, die zusammen Lastour bilden: Cabaret, Tour Régine, Fleur-Espine und Quertinheux. Vier Festungen, die wie Adlerhorste die tiefer liegende Landschaft überblicken. Auch diese Burgen haben sich nicht den Soldaten von Simon de Monfort ergeben, der vergebens versucht hatte, sie zu erobern. Sie waren praktisch uneinnehmbar, da der Ort keine Möglichkeiten bot, die für Belagerungen erforderlichen Maschinen aufzustellen.

Schloss Puylaurens

Schloss Puylaurens, dessen schöner bezinnter Mauerring von Rundtürmen unterbrochen wird, gehörte Chabert de Barbaira, einem Katharer mit fester religiöser Überzeugung. Er verteidigte diese Religion, bis er 1256 gezwungen war, sich zu ergeben. Das Schloss diente später als Schutzburg an der spanischen Grenze und erfuhr zahlreiche Umbauten.
Die mächtige Ruine konnte bis heute ihren Zauber bewahren. Man sagt, dass dort das Gespenst einer Weißen Dame umgehe ....

Schloss Puyvert

In früheren Zeiten, als das Schloss noch von Arpaïx de Mirepoix bewohnt war, erklangen hier die lieblichen Melodien der Troubadoure, der Minnesänger, die ihre schönen und traurigen Liebesgeschichten an den Königshöfen vortrugen. Dann geriet auch Puyvert in den Sog der Kämpfe gegen die katharische Häresie und konnte 1210 den Truppen von Simon de Montfort nur drei Tage lang Widerstand leisten. Aber die Erinnerung an die guten Zeiten der Vergangenheit lebt noch nach im "Musiksaal", wo auf acht steinernen Konsolen weder Soldaten, noch Waffen noch Kampfszenen dargestellt sind, sondern Musikanten mit ihren Instrumenten, von denen einige heute nicht mehr existieren: Dudelsack und Tamburin, Viella und Orgel, Laute, Psalter und Rebec.

Schloss Montségur

Die Geschichte, das Drama und das Schicksal von Montségur begannen an einem Tag im Jahr 1232, als Guilhabert de Castres - der Sohn des Bischofs Gaucelm von Toulouse - sich zu dem Landesherrn Raymond de Péreille begab, mit der Bitte, Montségur zum "domicilium et caput" der katharischen Kirche zu machen.
Von diesem Augenblick an wurde das bescheidene Wehrdorf, das sich in 1207 Meter Höhe an einen Berg klammerte, zu einer Zufluchtstätte und einem sicheren Bergort für den katharischen Glauben. Von hier aus leistete die stolze Gemeinschaft der "Vollkommenen" Paris und Rom erbitterten Widerstand, und von hier wurde im Jahre 1242 der bewaffnete Trupp entsandt, der in Avignonnet die Inquisitoren Guillaume Arnaud und Étienne de Saint-Thibery ermordete. In den Augen des Papstes und des Königs war Montségur ein Feind geworden, den es zu schlagen galt, "eine Hydra, die geköpft werden musste", wie die Regentin Bianca von Kastilien erklärte.
Die harte Belagerung in Montségur begann im Sommer 1243 und dauerte bis 1. März 1244, als Pierre Roger de Mirepoix, Kriegsexperte und Mitregent der Region, einen 15-tägigen Waffenstillstand erbat, bevor er sich ergab. Jetzt mussten sich die Katharer entscheiden: entweder abschwören (und ihr Leben retten) oder lebendig verbrannt werden. So kam es, dass zweihundertfünfundzwanzig "vollkommene" Männer und Frauen, die ihren Glauben nicht verleugnen wollten, den Feuertod wählten und, nachdem sie durch Handauflegung des Bischofs das "Consolamentum" erhalten hatten, die riesigen Scheiterhaufen bestiegen. Der Ort heißt zur Erinnerung an dieses Ereignis Prat dels Crémats, Feld der Verbrannten.